Busekow: Eine Novelle

Carl Sternheim

Alpha Editions

This edition published in 2022

ISBN : 9789356903593

Design and Setting By
Alpha Editions
www.alphaedis.com
Email - info@alphaedis.com

Busekow
Eine Novelle

Bei Anbruch des Tags Epiphanias hielt der Schutzmann im sechsten Revier, Christof Busekow, Posten am Schnittpunkt der Hauptstraßen seit vier Stunden. Anfangs hatte wie sonst das Bewußtsein, Ordnung und Sicherheit hingen von seiner einzigen Person ab, ihn zu höchster Dienstbereitwilligkeit aufgestählt; allmählich aber, da alles friedlich sich schickte, verlor seine Aufmerksamkeit das Gespannte und schwang zustimmend mit der Masse der Bewegenden und Bewegten.

Je näher Ablösung rückte, überwogen in ihm zwei Empfindungen. Es schien alsbald regnen zu sollen, und er fühlte vor, wie mit eingezogenen Schultern, auf dem Heimweg sacht auftretend, er Pfützen auf Steinen vermeiden würde; mehr als diese Vorstellung beglückte ihn des Kaffees Duft, der beim Eintritt in die Wohnung auf dem Tisch hergerichtet sein mußte. Nur noch von Zeit zu Zeit flog gesamte Energie in die Brille zurück und riß in flüchtiger Empörung Löcher in Gegenüberstehendes.

Dieser bewaffnete Blick packte nicht allein Passanten in Zivil; wie er aufflammend vorwärtsschoß, zwang er auch Busekows Kameraden zur Bewunderung, und sie empfanden: dieser schaut durch Tuch und Haube, er ist geborener Polizist.

Von einem tüchtigen Menschen war also die Schlappe der Geburt, Kurzsichtigkeit, zu einem Vorteil für sich umgebogen worden, wenn er, seiner Nichteignung für eine Aufsichtsstellung im Urteil zuständiger Instanzen gewiß, alle gesunden Kräfte von anderen Organen her ins Auge hochziehend, diesem hinter Gläsern so schneidigen Ausdruck verliehen hatte, daß die befugten Personen erklärten, sie erwarteten Besonderes von seinem scharfen Hinsehn. Er wiederum, besorgt, er möchte solche Hoffnung enttäuschen, wandelte, den Körper immer mehr vergewaltigend, im Lauf der Zeiten gesamte Barschaft an praller Muskelkraft und Fett in lauter Späh- und Spürvermögen um, bis seine Schenkel, die ehedem unter dem Sergeanten des fünfzigsten Infanterieregimentes gewaltige Tagmärsche zurückgelegt hatten, saftlos und schlapp ihn auf dem Posten kaum mehr hielten, und die einst vom Gewehrstrecken geschwellten Arme Lust leidenschaftlichen Zugreifens verloren. Da er aber für gewöhnlich unbewegt auf einer Steininsel zwischen zwei Fahrdämmen stand, und an dieser vom Verkehr belebten Stelle selten außer dem Auge auch des Gesetzes Arm gefordert wurde, blieb ihm dieser leibliche Mißstand verborgen.

Andererseits hatte er in letzter Zeit begonnen, das Kapital der Sehkraft, das im Bewußtsein reicher Mittel er ursprünglich an umgebende Welt vergeudet hatte, sachgemäß anzulegen. Er lieh Vorübergehenden nur noch insoweit Kredit auf seine Aufmerksamkeit, als er den einzelnen nicht kannte. Denn da der Platz in nächster Nähe einiger Großkaufhäuser und Banken lag, war des Publikums größerer Teil tagaus, tagein der gleiche, und nachdem Busekow in jahrelanger, unwillkürlicher Anteilnahme an jedem einzelnen dessen Erscheinung in sich aufgenommen, erwogen und beurteilt hatte, prägte von ihm jetzt nur mehr einen neuen Hut, Wechsel von Sommer- und Wintermode er sich ein.

Er stand dabei aber in umgekehrtem Verhältnis zu seiner Kundschaft wie der Bankier schlechthin, als dem Kunden, je länger er ihn kannte, und je mehr Beweise unbedingter Zuverlässigkeit ihm der gegeben hatte, er um so weniger vorschoß, während an einen, der zum erstenmal in seinem Gesichtsfeld erschien, er des Blickes ganze Barschaft wandte und, je unverläßlicher der Neuling sich darstellte, ihn um so bereitwilliger bediente.

Dank dieser Maßnahmen war es ihm letzthin einige Male gelungen, an Leuten, die andere Schutzmannsposten als harmlose Schlendriane passiert hatten, Merkmale versteckter Aufregung zu erkennen, sie durch Winke patrouillierenden Kameraden zu bezeichnen und zu erleben, daß sich die Betroffenen bei Prüfung als gesuchte Übeltäter herausstellten. Und so geschah es an diesem Morgen vor seiner Ablösung um sechs Uhr nur noch zweimal, daß scharf er zusehn mußte, erst als ein Omnibus gegen einen Milchwagen stieß — glücklicherweise konnte Busekows bloßer Wink die Lage entwirren — und dann, da in der Schar jener Frauen, die nächtlicherweise auf demselben Straßenstrich ihr Brot suchen, und deren jede ihm bis in den Saum des Unterrocks bekannt war, eine neue auftauchte: hochblond, aufgedonnert, mit einem Blutmal auf der linken Backe dicht am Mundwinkel.

Wie sie zu unwahrscheinlicher Zeit mit der Morgenröte zum ersten Male unangemeldet vor ihn getreten war, beschäftigte sie den Heimkehrenden, der, das innere Auge auf sie gerichtet, nicht spürte, wie es zu regnen begonnen hatte, und er stapfend Pfütze auf Pfütze trat. War es denn möglich, er hätte all jene Zeichen, die das Eindringen einer Konkurrentin in den Ring der auf jener Straße Privilegierten sonst ankündigten, übersehen, oder waren sie am Ende nicht gegeben worden? Und warum nicht? Galt sie ihren Schwestern wenig, schien zum Wettkampf sie nicht gerüstet, und durfte man mit Verachtung sie übersehen? Rief er sich ihre Erscheinung zurück, verneinte er die Annahme. Dem flüchtigen Blick — ein anderer würde ihr in ihrem Gewerbe kaum gegönnt werden — dünkte sie gefällig und wohlbereitet. Busekow, der sich über den Grund ihres lautlosen Auftretens auf seiner Weltbühne keine Rechenschaft geben konnte, ward befangen und kleinlaut vor sich selbst und betrat mit dem peinlichen Gefühl seine Wohnung, in dieser Nacht habe er dem Staat unzureichend gedient, den Platz, der ihm anvertraut war, nicht in völliger Ordnung verlassen. Irgend etwas treibe dort ein ungerechtfertigtes, den beschlossenen Gang der Dinge störendes Wesen.

Er schlürfte verdrießlich Kaffee und legte sich zu seiner Frau ins Bett. Zaghaft lüpfte er die Decke und, sich hinstreckend, nahm er eine Rückenlage ein; denn da, auf den Seiten liegend, er gewöhnlich zu röcheln und zu schnarchen begann, war ihm die anbefohlen worden. Wie in allen Dingen, die das Weib anordnete, suchte er den Befehl genau zu befolgen, und aus Furcht, im Schlaf möchte er Stellung wechseln, hatte er sich gewöhnt, beide Hände in die seitlichen Ritzen zwischen Bettlade und Matratze einzukrallen, durch welches Manöver tatsächlich erreicht wurde, daß er in gleicher Lage aufwachte, wie er eingeschlafen war. Auf welche Weise die Frau bald nach Beginn ihrer nun zwölfjährigen Ehe seine Unterwerfung unter ihren Willen durchgesetzt hatte, darüber hatte er nie nachgedacht. Er wußte nur, Abhängigkeit war bodenlos, ohne leisesten Trieb zum Widerstand. Selbst bei den ihm unliebsamsten Geheißen erschien sie ihm noch eine milde Gebieterin, da er in sich die Neigung ahnte, auch ihrem zügellosen Verlangen nachzugeben.

Es war aber einzig sein bedingungsloser Gehorsam, der die an sich Schüchterne allmählich fähig gemacht hatte, Wünsche ihm gegenüber zu äußern, später zu fordern. Und so entfernt blieb sie innerlich der Überzeugung wirklicher Macht, daß noch stündlich und bei jedem Anlaß sie erwartete, er möchte es endlich satt haben und kurzen Prozeß mit ihr machen. Denn sie war sich wohl bewußt, das einzig wirkliche Guthaben, das sie bei ihm besaß — jene kleine Summe, die die Sechsundzwanzigjährige dem Vermögenslosen einst in die Ehe gebracht —, mußte längst aufgezehrt sein, und weder geistig noch körperlich fühlte sie sich vor ihm begnadet.

Was den Leib anging, verbarg sie sogar seit Jahren schwere Schäden. Ohne daß sie Mutter geworden war, hatte Zeit ihr mitgespielt. Das einst volle Haar war zu winziger Schnecke auf den Hinterkopf zusammengeschrumpft, ihr Gesicht, das straffe Haut wohltuend gegliedert, hatte durch deren Nachlassen Löcher und Vorsprünge bekommen; heftiger aber bewegten sie ihre Brüste, die, zwei flache Teller, mit kaum noch gefärbter Warze von den bergenden Händen beim Auskleiden nicht mehr bedeckt werden konnten. Die zarte Scham, mit der Busekow über diesen Umstand abends und morgens hinwegsah, vergrößerte ihren Kummer und bewirkte, daß sie ihm einen harten Anruf zum Bett hinschickte, etwa: setz Wasser auf den Herd! oder: scher dich zum Kohlenholen!

Bei solchen Aufforderungen hatte den Mann oft verlangt, sie möchte ihre Empörung über die Unbill der Natur durch furchtbare Forderung an ihn etwa für sich ausgleichen. Wie sie zur ärmsten Magd Gottes herabgesunken war, dichtete er königliche Befehle in ihren Mund, sah sich in hündischer Demut in den Ecken stehen, Pfoten aufwartend gekrümmt. Und fürchtete, er habe um ein Großes sie betrogen, meinte das Kind, das sie von ihm nicht hatte, seufzte und fand sich vor ihr schuldig. Oft lagen sie sprachlos nebeneinander, mit nach oben gedrehten Gesichtern, geschlossenen Lids, daß keiner dem anderen das Wachen anmerke. Ihre Herzen klopften laut: Warum konnte ich sie nicht erfüllen? Was tönten meine Rippen nicht von ihm? Und wehmütig griff sie ihre Brüste; er fuhr die mageren Lenden herab, beide fühlten sich dürftig.

Den Betten gegenüber hing in Öldruck Martin Luther. Die Hand auf ein Buch geballt, machte er eine ausladende Gebärde. Beide Gatten hatten anfangs aus dieser Geste Mut zu holen gesucht, wollten sich erklärend anreden und die Kluft überspringen. Aber es gab zwischen jenem und ihnen keine Zusammenhänge. Schon begann alles in hoffnungslose Gewohnheit beschlossen zu werden. Man sparte an Blick und Ton füreinander, rief sich und antwortete in Hauptworten, denen verbindende Verben und Partikeln fehlten, um schließlich bei Begriffen, die man als bekannt und erwartet voraussetzen konnte, auch an Endsilben zu sparen. Die Augen wichen sich aus, man sah gegen Wände; Berührung wurde gefürchtet. Streiften bei einer Begegnung sich die Kleider, schoß beiden panischer Schreck ins Gebein, als hätten Allerheiligstes sie betastet. Die weibliche Seele war so voll Vorwürfen für ihn; er so voll Angst vor ihr, daß sie wußten, ein wohlgebildeter Satz jetzt, freundlicheren Lebens Gleichnis, hätte bis ins Mark sie erschüttert und vernichtet.

Also scheuten sie Güte, erzogen Hartes und Kantiges in sich und schlossen am Ende auf Grund rauher Regeln einen letzten Frieden, er, der Hingeschmissene, Unwürdige, Besiegte; sie, die Beleidigte, mulier virgo.

Wie er nun lag und ruhen wollte, brach Sonne schräg durchs Fenster und verwirrte seine Augen. Da er sich nicht wenden durfte, bedeckte er das Gesicht mit der Hand; doch schien Licht rot durchs Blut der Finger. Diese Wahrnehmung verwirrte ihn, als hätte des Umstands seines lebendigen Blutes er vergessen. In einer Aufwallung streckte er das eine Bein gegen die Decke, daß Wölbung über seinem Leib entstand, und lächelte. Es schien ihm aber gleich darauf, als neben ihm im Schlaf sie stöhnte, Gebärde und Lachen infam, und er begann, in Strahlen blinzelnd, alle Züge einer stetigen und zunehmenden Niedrigkeit aus seinem Leben zum Bild eines verworfenen und vergeblichen Geschöpfs zu dichten. Wie er in der Schule seines Dorfes schlecht gelernt, zum Hofdienst untauglich gewesen war und einst am Reformationstage in der Kirche, während die Gemeinde im Liede ‚Ein' feste

Burg ist unser Gott' himmlische Andacht einte, des vor ihm singenden Mädchens Zopf ergriffen und an seine Lippen geführt hatte. Die Kleine hatte aufgeschrien, Nachbarn den Frevel bemerkt, und er war dem Pastor zur Bestrafung angezeigt. Der hatte ihn mit Wortschwall überwältigt und Mut der Jugend und Selbstbewußtsein für lange Zeit in Grund und Boden geschlagen. Eine Spur davon war erst nach langen Jahren wiedererstanden, als ihm, dem Unteroffizier, eine Dekade junger Burschen auf Gnade und Ungnade überantwortet wurde. Da hatte er den Schnurrbart hochgezwirbelt und sich einiger Flüche bemächtigt, die ihn vor sich selbst martialisch machten. Doch gelang es über ein geringes Maß nicht, da Wichtigkeit vom Kasernenhof in den Stuben bei Instruktion und Unterricht verblich, merkte er, wie im Auffassen des Vorgetragenen er hinter Kameraden zurückblieb. Im Verlauf von zehn Jahren hatte der Hauptmann einige Male zu ihm gesagt: Sie sind in Herz und Nieren königstreu, Busekow. Das ist eine Sache: Aber haben keine Verstehste. So wurde Königstreue, die man ihm öffentlich zugestanden, fortan seines Lebens Richtschnur. Und als er einsah, eine Feldwebelstelle war ihm nicht erreichbar, er aber nur im Staatsdienst für seine positive Eigenschaft Verwendung hatte, gab er als Schutzmann sich ein. Bedenken gegen seine zunehmende Kurzsichtigkeit zerstreute er auf die geschilderte Art.

Da ihm seine Tugend jetzt einfiel, wurde die Seele einen Augenblick freier; schnell erleuchtete ihn jedoch Erkenntnis, wie wenig offiziell sie in seinem heutigen Dasein sei. Im Gegensatz zu jenem Hauptmann hatte seine Frau sie nie erkannt, in ihren Reden war sie nie erwähnt worden.

Ein elendes, nutzloses Schwein bin ich, dachte Busekow. Diese Frau weiht mir ihr junges Leben, ihren einst blühenden Leib, schöne Gaben. Alles habe ich vernichtet, nicht fähig, mir Anvertrautes zu pflegen. Was aber meine Königstreue anlangt (mit einem letzten Versuch, sich zu erheben, flüchtete er noch einmal zu diesem Gedanken), meine Hingabe an den Dienst — vor seinem Geist stand ein blondes, aufgedonnertes Frauenzimmer, ein Blutmal im befremdenden Gesicht. Da ergriff namenlose Trauer um sich selbst unseren Helden, und einschlafend verstand er seines Weibes Größe nicht mehr, die es vermochte, bei ihm auszuhalten.

Er träumte, in leerem Raum ständen sie sich gegenüber, nackt. Wie ihre Augen sich sengend ihm ins Gesicht bohrten, war er sie anzusehen gezwungen. Einen schauerlichen Leib erblickte er, wie Stöcke Beine, von Hautrunzeln bedeckt. Erbärmlich das übrige. Nirgends aber war noch der leiseste hüllende Flaum zu erspähen, und der Kopf glich einer polierten Kugel. Mit ausgestreckter Hand, die wie eine Kastagnette knackte, klopfte sie abwechselnd an sein gepolstertes Bäuchchen, den Schädel und krächzte dazu: Heuwanst, Heukopf! Und alsbald begann aus seines Mundes Öffnung er Stroh zu speien, bündelweis, ohne Aufhören meterweis. Sie lächelte giftig dazu, klopfte und knatterte: Heukopf, Heuwanst, Heukopf. In Schweiß gebadet erwachte er, war mit Ruck aus den Federn, und im Hemd ins Nebenzimmer stürzend, rief dröhnender, übernatürlicher Stimme er ihr zu: Ja, ja Elisa, ich bin ein Elender; wirklich ein Unfruchtbarer! Sie war nicht im Raum. Neben Butterbroten und einer Flasche Bier lag auf dem Tisch ein Zettel mit den Worten: Ich bin zum Kientopp. Wundre dich nicht. Geburtstag.

Und nun stellte er sich, während er zu kauen begann, ihre Freude im Lichtspieltheater vor und spürte, die tröstliche Stärkung, die mit dem Geständnis seiner Wertlosigkeit er hatte gewähren wollen, mußte ihr draußen stärker zuteil werden durch Bilder aus der Menschenkomödie, die sie mit Lachen und Weinen ergreifen würden.

Gegen sieben, seine Frau war noch nicht zurück, begab zur Polizeiwache er sich in den Dienst. Um Mitternacht bezog er Posten am Schnittpunkt der Hauptstraßen. Aber da es in Strömen regnete, gelang es ihm von allem Anfang nicht, die heroische Haltung, die er sonst besonders während der ersten Minuten seiner Wache vor einem vierarmigen Gaskandelaber einnahm, zu markieren. Im Gummiumhang, Schultern eingezogen, das Haupt gesenkt, sah er vielmehr, während Wasser an ihm niedertroff, recht kläglich aus. Zudem verwirrten hinter nassen Scheiben seiner Brille ihn rote, grüne und weiße Lichter der Fahrzeuge. Sich überhaupt bemerkbar zu machen, hob er von Zeit zu Zeit einen Arm und ließ ihn, ohne des Eindrucks inne zu werden, wieder sinken. Nur mit Mühe unterschied er den Aufmarsch bekannter Gestalten, die Frauen der Kaffeekellner, die ihre Männer abholten, Stammgäste der in der Nähe befindlichen Wirtschaften, den Mann mit dem fliegenden Streichholzhandel und, eine nach der anderen, die Nymphen der Straße. Dicht an die Häuser gedrängt, hüpften sie Schutz suchend an ihm vorüber, mit eingezogenen Flügeln Vögeln gleich, die, Land gewöhnt, ins Wasser gefallen sind und sich retten möchten. Sie schritten auf ihren bis zu den Knien freien Ständern über den Fahrdamm und teilten ihre Aufmerksamkeit zwischen Wassertiefen, die sie durchqueren, und dem Wild, das, diesen Abend spärlich genug, sie jagen mußten.

Bei ihres namenlosen Elends Anblick hob Busekow am heutigen Tag zum erstenmal selbstbewußt den Kopf. Diesen da war er, wie man den Maßstab auch anlegte, doch tausendmal überlegen. Er dachte an seinen Traum und meinte, produziere als letzte Formel von sich er auch Heu und Stroh, sei das schließlich eine saubere Sache. Wie aber würde sich diesen in Träumen das Gleichnis ihrer ausgespienen Eingeweide darstellen? Und anderen, weniger verächtlichen, aber dennoch tief unter ihm stehenden Klassen, all diesem männlichen Gelichter, das an ihm vorüberstrich. Stand er hier nicht — Donner und Doria — doch am Ende für Kaiser und Reich, und sah alle Welt in ihm nicht einen tüchtigen Beamten? Als es aber heftiger vom Himmel goß und er tiefer in sich hineinkriechen mußte, erschien vor ihm wieder der Leib seiner Frau, wie er ihn heut im Schlaf gesehen, und Erde ward abermals wüst und leer.

Mit gedunsenem Auge stierte er in die Luft, einmal rechts, links einmal und geradeaus, als aus dem Gewissen plötzlich die Frage nach dem Verbleib jenes Weibes sich hob, das am Morgen er zum erstenmal erblickt. Gehörte sie von nun an für immer zu den Figuren, die vor ihm spielen würden, oder war sie nur wie zu einem Gastspiel auf dieser Straße erschienen? Dafür sprach das Verhalten der Kolleginnen, die ein einmaliges Kommen und Gehen zur Not dulden durften, dauernde Etablierung jedoch, wie er es in anderen Fällen erlebt hatte, mit Hohn und Gewalttat zurückgewiesen hätten.

Es schlug zwei Uhr morgens, als hinter einem jungen Menschen in aufgeweichten Lackstiefeln sie auftauchte. Zugleich aber sah Busekow eine lange Schwarzhaarige sie an die Schultern greifen und hörte, wie sie ihr zuzischte: Nicht an meinen Kleinen heran! und der Neuen Antwort: Nur sachte!

Schon sammelte sich auch ein Kreis erregter Frauenzimmer um die beiden und fiel mit schnatterndem Schwall im Chor ein. Man sah drohend aufgehobene Arme und Schirme. Da aber schleuderte Busekow allen Regen von sich, war mit zwei Schritten bei den Streitenden, und, Gewitter aus empörten Augen blitzend, herrschte mit erzener Stimme er die Auseinanderstiebenden an: „Keinen Streit, meine Damen. Weitergehen!"

Nur sie blieb ihm gegenüber. Sekundenlang sah er in ein erschrockenes Gesicht und trat dann an seinen Platz zurück. Irgendwo straffte eine Sehne sich an ihm. Der Blick, den sie von jetzt ab bei ihrem allnächtlichen Erscheinen ihm zuwarf, strahlte vor Dankbarkeit. Er entzog sich ihm nicht, empfing ihn als seines öden Lebens Zuckerbrot. Und als er Nacht- mit Tagdienst tauschte, war des Bedauerns Gefühl, diesen Blick in Zukunft entbehren zu sollen, groß. Doch kam sie schon am zweiten Tag die Straße herauf an ihm vorüber, und da geschah es, daß, ihren Gruß erwidernd, er ein wenig das Haupt neigte.

Schnell spannen sich zwischen ihnen die Fäden schlichter Vertraulichkeit. „Mir geht es immer so, bin immer die gleiche," sagte etwa ihr Blick. „Stehe hier für Kaiser und Reich," rief er zurück. Monatelang. Bis eines Tags, vom Dienst heimkehrend, er sie streifte, die in einem Haustor stand.

„Keinen Auflauf bilden, Fräulein," meinte er witzig und lächelte. Sie senkte den Blick vor ihm. Meinte er, Samtenes schlage Flügel, und verwirrte sich bedeutend.

Ein andermal, da er an einem Urlaubstag gegen Abend spazierte, traf er sie und ging ihr nach. Sie trat in einen Flur, sah sich nicht um. Er folgte, stieg

Treppen hinter ihr hinauf, schlüpfte in einen Korridor, den sie aufschloß, und dort im Dunkeln standen sie sich gegenüber, ohne daß ein Wort fiel. Nur Atem blies, Augen glühten sich an. Berührung wurde nicht gewagt. Schließlich lehnte sie sich, Halt suchend, gegen die Wand, er, schräg an sie gebeugt, schlang in alle Öffnungen ihres Leibes Hauch. Beide wankten. Sie fiel zuerst. In schmerzlich süßer Lähmung blieb ihr ein Knie erhoben und reckte den Schoß auf. Wie ein stürzender Felsblock senkte er sich ein.

Auch späterhin war kein Wort gefallen, da er losgebunden von ihr schwand, blieb sie am Boden hingenagelt. Geschlossenen Auges lächelte sie; ihr Atem ging wie feine Musik aus ihr, und in rhythmischen Abständen zitterte der Leib.

Acht Tage später wieder frei, begab er sich unter dem Schutz der Dämmerung zu ihr. Da er an die Tür klopfte, öffnete sie und zog ihn gegen ein erleuchtetes Zimmer, in dessen Mitte, dem Klavier gegenüber, ein gedeckter Tisch stand. Busekow hörte des Wasserkessels Summen, roch eines Kuchens Duft und sah in weißen und gelben Farben Blumen gebunden.

Sie blieb aufrecht vor ihm, legte einen Arm um seinen Hals und strich mit der anderen Hand ihm Haar aus der Stirn. Dabei hing ihr Blick in seinem. Ein Wort wollte er sagen und vermochte nichts, lächelte sie und bewegte verneinend den Kopf. Plötzlich lief zischend der Kessel über. Sie ließ den Mann und war mit zwei Schritten am Tisch, hob das kupferne Gefäß, schwang es gegen die Kanne und ließ heißes Wasser in sie stürzen. Verharrend folgte er der Bewegung. Wie sie goß, zuteilte, zurechtstrich und schließlich winkte. Da setzte er sich zu ihr ins Sofa.

Überstürzte Frage und Antwort schwirrte. Alles Wie und Was ihres heutigen Lebens saugten sie in sich hinein, stürmisch verständigten sie sich über Gelände und äußere Grenzen ihres Glücks. Und als nirgends jählings der Abgrund auftauchte, der augenblickliches Halt rief, war mit ihnen ein einziges Glück. Sie hatte beide Arme erhoben und saß mit aufgerissenen Augen stumm wie eine Schreiende. Er hieb die geballte Faust in den Tisch.

Da später Dunkelheit und des Bettes Decke schützend über ihnen ruhte, nahm sie zuvor plötzlich seine Hände, faltete sie ihm auf die Brust und hauchte an sein Ohr: „Vater unser, der Du bist im Himmel“ und murmelte weiter. Er aber erschrak und schämte sich, weil heute und sonst Gebet ihm fern und fremd war. Doch bewegte er die Lippen und stellte sich, als folge er ihr in jeder Silbe. Trotz seiner Lüge wurde auch des Gebetes Sinn in ihm erreicht, denn Ruhe war an Stelle brennenden Verlangens getreten, als er jetzt seinen Arm um sie legte, Glied an Glied zart fügte und reinen Atem aus seinem Munde auf sie herabwehte. Sie hielten sich erst schwebend und wie aus Erz gegossen. Noch spürte jeder den eigenen festen Umriß und die verhaltene fremde Person.

Da rief sie „Christof“, und zugleich sah ihres Auges Blau er sich verschleiern und verschwinden; rund quoll Weißes über den ganzen Ball. Und zum andernmal erschrak er vor ihr und wußte nicht, wie sich in Einklang mit ihr bringen. Bebend stieg er in sein Innerstes nieder und brachte Konfirmationstag und seiner Mutter Sterbestunde herauf. Aber auch so versehen, holte die Seele der vor ihm Ausgebreiteten er nicht ein, und seine Anker griffen nicht ins Mutterland der Hingegebenen.

Doch schmolz viel harte Schale an ihm. Schon wurde mancher Zelle Kern erweckt und goß sich in den Kreislauf der Säfte. Und jede Welle Leben, die er in sie schickte, kam als brausende Sturmflut in sein Blut zurück, die Schutt und Asche fortriß, bis schließlich, an des Lebens Nerve donnernd, sie ihm den Mund zu hellem Ruf aufspreizte. Da, während er gegen die andere Wand des Bettes zurückwich, verklärte himmlischer Schein des Weibes Gesicht.

Er erfuhr von Gesine, Vater und Mutter habe sie früh verloren und Ernährerin jüngerer Geschwister sein müssen. Emsig verglichen sie ihr Kinderleben, freuten sich, dieselben Spiele gespielt zu haben, und als beide ihre Vorliebe für die gleichen Speisen in jener Zeit entdeckten, waren sie noch glücklicher. An diesem Tag blieben sie ganz närrisch ihrer Jugend hingegeben. Eltern, Brüder und Schwestern lernten sie gegenseitig kennen, Haus und Hof und Knecht und Vieh. Vom Getreide sprachen sie, von Saat und Frucht; wie der Dung am besten in die Scholle gebracht würde, und was es der Freuden und Verlegenheiten bäurischen Volkes mehr gibt. Erst als auf ihren Glauben sie zu sprechen kamen, und Gesine ihm ihre katholische Religion bekannte, ergriff beide Scheu voreinander, und Fremdes stieg zwischen ihnen auf. Der märkische Protestant brachte aus der Kindheit so feindseligen Begriff dieser Lehre, die er nicht kannte, mit, sie war ihm als etwas so Götzendienerisches, deutschem Wesen Fernes hingestellt worden, daß er die junge Frau neben sich plötzlich mit der Neugier, die man an ein wildes Tier wendet, besah. In diesen Augenblicken war von dem fanatischen Haß seiner Mutter gegen andersgläubige Christen in ihm, seiner Mutter, die vor der katholischen Magd des Nachbarn ausgespuckt und behauptet hatte, diese verhexe dem Armen Familie und Gesinde.

Als Gesine wieder nach ihm griff, wich er beiseit, trat ins Zimmer zurück und schickte sich eilig zum Gehen. Und da ihr Antlitz mit den weißen Augäpfeln wieder vor ihm erschien und manches Seltsame, das er sich nicht hatte deuten können, brachte er's mit ihrem verdächtigen Bekenntnis in Zusammenhang und entfloh mehr, als daß er ging.

Doch war ihres Leibes Eindruck schon zu bedeutend gewesen; von Stund an, wo er stand und ging, verließ ihn ihrer Liebkosung Gefühl nicht mehr.

Den nächsten Urlaubtag verlebte er mit seiner Frau. Schuldbewußtsein hielt ihn an ihrer Seite. Doch vergrößerte er es tagsüber nur, kam ihm bei keiner ihrer Bewegungen die entsprechende seiner Geliebten aus dem Sinn. Da er sich aber abends niederlegte, und sie, sich entkleidend, ein Päckchen Wolle unter dem Haarknoten hervorzog und auf den Tisch legte, war plötzlich alles Mitleid, das ihn bis dahin stets um sie bewegt hatte, dahin, und er lächelte spöttisch. Ihr Körper, den beim Schein der Lampe er durch das Hemdtuch umrissen sah, erregte tolle Lachlust in ihm. Wie sie mit ihren mageren, ein wenig nach innen gekrümmten Beinen von einer Tür zur anderen trat, er nicht eine gefällige Linie an ihrem Leib sah, schlug stürmische Scham über sie ihm in die Stirn. Zum erstenmal in seiner Ehe stand Trotz in ihm auf, und aus ihrer Dürftigkeit gewann er große Rechtfertigung für sich. So blieb auch ihr heute oft wiederholter Vorwurf, die Kameraden im Revier sprächen von einer Zunahme seiner Kurzsichtigkeit, sie aber glaube nur an gesteigerte Teilnahmslosigkeit und Faulheit, so gut wie ungehört. Im Gegenteil trat er am anderen Morgen mit wuchtigerem Schritt als sonst beim Barbier ein, hatte hier schon unter der Serviette das Gefühl gesteigerter Bedeutung und empfand sein Bild, wie es heut im Sonnenglanz im Rock von Blau und Silber prangen würde, als körperliche Wohltat. Und wer ihn an dem Tag auf Posten gesehen hat, muß das Gefühl mitgenommen haben, in dem Manne geht Veränderung vor sich. Unablässig trat er auf seiner Insel hin und her, ließ es nicht beim Insaugefassen Vorübergehender, sondern bewegte einige Male sich hilfebringend auf eine geängstigte Frau, ein verwirrtes Kind zu. Er hob auch Stimme zum Kommandoton, schob die eingesunkene Brust in die Luft, rührte fast unablässig weisend und richtend beide Arme. Kurz, er war ein froher, zugreifender Schutzmann und gab dem Leben an dieser Stelle der Erde munter Bewegtes. Wäre es angegangen, hätte für einen Bettler, der vorbeischlich, er in die Tasche gegriffen. So mußte er sich begnügen, für den Hinkenden einen Augenblick den gesamten Fahrverkehr zum Stehen zu bringen und ihm einen Übergang über den Straßendamm zu schaffen, wie ihn sonst nur die höchsten Personen genossen. Der Bettler grinste und winkte mit der Hand einen Gruß, Busekow lachte fröhlich auf. Als Gesine erschien, erhielt seine Haltung vollends etwas Heldisches. Er flog und wippte auf Draht, schlug mit der Linken einen mächtigen Bogen gegen nahendes Vehikel, und der Platz hallte von seiner Stimme. Gleich darauf riß er vor einem passierenden General die Hände stramm an die Hosennaht, rührte den Kopf so jugendlich auf, daß die Exzellenz wohlwollend nickte. Von ihm fort aber sandte er Gesine über alle Köpfe einen strahlenden Blick zu, der ihr kündete: Du mein geliebtes, mein angebetetes Leben!

Er kam wieder zu ihr, und von Mal zu Mal wurden sie mehr eins. Mit gelassenem Behagen gaben sich die Körper dem Gefallen aneinander hin, als sei ihnen für alle Zukunft gegenseitiges Begehren gewiß. Mit immer frischem Appetit setzten sie sich an den Tisch ihrer Sehnsucht, aßen und standen erst leicht gesättigt, das Herz von Dank für den Schöpfer gefüllt, auf. Auch in Gesprächen vermieden sie die Grenze des ihnen Faßbaren, sondern gaben sich Rechenschaft nur über ihr täglich Leben. Insbesondere drang Gesine in seines Dienstes Wesen völlig ein. Bald war ihr Reglement und Praxis innig vertraut, und sie erörterten manche Möglichkeit an Hand eines älteren Rapportbuches, in das Vorfälle und Schuldige er aufgezeichnet und das er ihr zum Geschenk gemacht hatte. Mit scharfem Instinkt griff sie menschlich besonders packende Dinge aus ihm heraus und führte sie, Herz und Überlegung an sie hingegeben, aus des Zufälligen Bereich zum symbolisch überhaupt Gültigen auf, erfüllte ihn allmählich mit der Überzeugung, wie an seinem Platz mit tausend Fäden er ins innerste Menschentum verflochten stehe, und gab ihm bedeutendes Bewußtsein von seines Amtes Wichtigkeit im allgemeinen. Darüber hinaus aber suchte sie ihn auf jede Weise von seiner besonderen Eignung für seine Stellung zu überzeugen. Wie ihre Schwestern auf der Straße niemandem so unbedingte Achtung zollten wie ihm, die Kameraden, das wisse sie aus manchem Mund, seiner Laufbahn gewiß seien. So daß, von ihr erhoben und süß geschwellt, er gelobte, Säbel und Revolver demnächst mitzubringen und ihr sämtliche Griffe und Manöver an ihnen zu zeigen.

Er hielt das Versprechen. Unter dem Mantel brachte er beides, und während sie vom Sofa aus ihm zusah, übte er vor ihr mit so machtvollen Tritten und Ausfällen, daß des Zimmers Boden dröhnte, Gläser klirrten und die Gardine flatterte. Ihr aber war der Blick verklärt, und als er zwei Angreifer mit glänzender Säbelparade in die Schrankecke, aus der sie nicht entweichen konnten, geschlagen hatte, flog grenzenlos hingegeben sie ihm an den Hals. Da hatte Busekow zum erstenmal im Leben seiner Notwendigkeit Gefühl zur Evidenz.

Dies Bewußtsein äußerte sich sogleich im Dienst. Mit Sicherheit der Ereignisse Gang gewissermaßen voraussehend, griff er auf der Straße in des Geschehens Speichen. Im Revierdienst begann er sachkundige Vorschläge zu machen. Zu einer wichtigen Frage gab er so einleuchtenden Rat, daß der Polizeileutnant ausrief: Dieser Busekow — einfach fabelhaft!

Und man begann, ihn mit wichtigen Posten zu betrauen. Bei Fürstenbesuchen gehörte er zur Bahnhofsmannschaft. So sah er manch außerordentliche Szene, durch Anschauung wurde sein Leben reicher, er überlegen. Sie hörte nicht auf, das von ihm Mitgeteilte sinngemäß in seines Daseins Gang einzuordnen.

An Kaisers Geburtstag hatte einer für den anderen wichtige Mitteilung. Er war zum Wachtmeister ernannt. An sein Ohr hinsinkend, gestand sie Mutterschaft.

Von Erspartem lebend, war sie schon seit Wochen ihrem Beruf fremd. Da die Überraschungen an dem Tag waren, faßten sie sich bei Händen und ließen des Einverständnisses Glück in Blicken sprechen. Dann aber, über alles bisher gemeinsam Erlebte hinausgehend, griff selbsttätig er in ihr Persönliches und forschte nach ihrer Innerlichkeit. Welche Hoffnungen und Entwürfe für das Zukünftige sie bewegten, ob sie es mit ihm nur oder mit Höherem verknüpft glaube, wie das Göttliche denn ihr vorschwebe; kurz alle Fragen stellte er, die sie, die Frau, einst angerührt und schnell verlassen hatte, da sie seiner Seele Zustand erkannt hatte.

Sie jedoch, leicht fröstelnd, auch leicht erhitzt, bebte jetzt in ihren Gliedern über seine Fieber und schwieg. Tiefer drückten seine Finger sich in ihr Fleisch, dringender wurde Rede, und leichter Schaum erschien auf den Lippen. Doch während rote Sonnen in ihrer Stirnhöhle drehten, kam kein Laut Antwort von ihr. Sie ließ ihn sich erschöpfen und diesen Abend ohne Aufschluß von ihr gehen.

Nun aber klopfte ihm auf dem Heimweg stürmisch das Herz vor dem Wiedersehn mit seiner Frau. Da durch Gesines Eröffnung seine Manneskraft bewiesen stand, wurde dieses Weibes Hauptbuchseite ihm gegenüber zu einem Blatt der Schuld. Gelogen ihres Daseins Überlegenheit, ins Gegenteil verkehrt. Eine Handvoll Sand war sie; kein Gott machte sie trächtig; er aber, wohin er seinen Finger legte, mußte erschaffend sich beweisen.

Ein prachtvoll großer Haß blies durch den Mann und ließ ihn wie ein schreitendes Denkmal sein. Wäre sie ihm da gegenübergewesen, wie Föhn hätte ein Hauch von ihm ihre Eingeweide bloßgefegt, zarteste Handlung sie zertrümmert.

Doch starb Erbitterung an ihrer eigenen Kraft und Überzeugung. Da nicht der geringste Einwand ihr gegenüberstand, von seiten des Weibes kein Aber zu erdenken blieb, war Elisa aus Wirklichkeit, in der sie bis heute einzig durch die Kraft eines zu Unrecht vorgetäuschten Zornes gelebt hatte, plötzlich ausgelöscht, und es begann Erinnerung von ihr nur noch in ihm zu leben. Je näher Busekow seinem Hause kam, wurden die Gefühle der also in ihm Hingeschiedenen gegenüber, wie für Tote überhaupt, weicher, und als er ein Amen über ihres Lebens Grab sprach, erschien sogar ihr Bild, wie sie im Hochzeitskleid, eine Rose auf der Brust, einmal jung in seinen Arm gekommen war, freundliche Erinnerung heischend vor ihm.

Er hob die Hand und winkte einen Abschiedsgruß. Trat bei sich ein, entkleidete sich halbgeschlossenen Augs, legte sich neben sie und nahm ihrem in ihm nun vollendeten Abscheiden zu Ehren im Bett die gewohnte Rückenlage ein.

Sie aber, empfindend, in diesem Mann habe höhere Einsicht gegen sie entschieden, zog unter der Decke das Knie an die Brust und fürchtete sich sehr.

Und wie sie das klare Bewußtsein ihrer Schuld verabscheute, mußte sie doch in dieser Nacht schon einigemal ihm in die Augen sehen, wie es laut kündete, was sie heimlich oft schon aus sich selbst empfunden: In allem Wesentlichen, von Gott Gegebenen und Hinzuerrungenen ihm hintangestellt, wagtest frecher Stirn du eure Ansprüche aneinander derart zu fälschen, daß in betrügerischer Untreue du aus seinen Mitteln zu deinen Gunsten schöpftest und es dennoch darzustellen wußtest, als bliebe er dir schuldig. Und in der Zukunft ward ihr auch bewußt, wie ihr Verbrechen an ihm größer war, als daß es auf dieser Erde noch getilgt werden konnte.

Immerhin kann dies zu ihrer Entlastung berichtet werden. Entschlossen zog sie aus der Erkenntnis jede Folge. Demütigte, unterwarf sich und hörte fortan auf seinen Atemzug als einzigen Laut in der Welt; lag nächtens seinem Antlitz zugewandt in bewundernder und gerührter Unterwürfigkeit. Seine gekrallten Hände aus den Bettritzen hochzuziehen, wagte sie ehrfürchtig nicht. Seufzer, Geständnisse, Versprechen und scheue Küsse hauchte sie viel gegen ihn hin, doch blieb ihm alles, Leid und Geste, verborgen.

Für ihn — und es kam auch die Nacht, in der Elisa es begriff — war sie nur noch Kunde von sich selbst. Andenken, Leichenstein.

Gesine empfand alsbald, nun sei mit Christof ihr das letzte Heil gekommen. Da er wieder zu ihr trat, war aus seiner Gebärde alles menschlich Befangene geschwunden, Gegenstände und sie griff er mit großer Machtvollkommenheit und wußte aus befreiter Natur Allerselbständigstes. Die Stimme fand aus den Ecken größeren Widerhall, ihr selbst schlug jedes Wort von ihm durchs Trommelfell an die Herzwand. So zögerte sie nicht länger und legte sich frei. Entschleierte ihr Gewissen und ließ seinen Blick in innere Kanäle. Er las berauschte Frömmigkeit. Vom Schöpfungstag angefangen lag Gott mit allen Wundern in dieses Weibes Leib. Zu den Bildern, die aus ihr strahlten, begannen die Lippen, ihm herrliche Gleichnisse zu stammeln. Alle Texte der Schrift hatte sie aufgefangen, mit Blut genährt und lebendig gehalten. Es stiegen aus ihr Adam und Abraham zu ergreifendem Licht. Als von Saul und David sie zu sprechen begann, begriff sie, von Gnade beweht, die männlichste Tragik, und da ihre Stimme pathetisch heulte, trieb es sie beide von der Matratze hoch. Auf Knien gegen das Fenster gewendet, parallel beieinander hochgerichtet, tranken sie jedes schallende Wort. Ihr waren die Brüste beseligt aufgestanden, auf seinen Schenkeln spreizte sich jedes Haar. Die Brille fiel ihm vom Ohr und hing quer über das lefzende Maul.

Nasse Wärme quoll aus den Körpern, ganz eng hämmerten sich Atome aneinander, und die Glieder waren geballt. Gesines Scheitel schien feucht und hell beleuchtet.

Schon hub mit Rede Christof in ihre hinein. Wie glühende Stahltropfen fielen Silben auf ihre Satzenden. Gebell blieb es mehr als daß Verständnis zustande kam; doch half es ihr zu voller Ekstase. Rasend alsbald schrie das Weib die biblischen Namen, und so befeuerte sie des Geliebten Hingabe, daß ihre Glaubensmacht die Wände der Beschränkung brach, und sie den letzten Sinn alles Geschriebenen bloßlegte.

Wie in starker Musik, im Spiel vermischter Themen der musikalische Leitgedanke nicht verloren geht, so übertönte in ihrer Darstellung Davids Name alle Harmonien des alten Testaments. Und es gelang Gesine, das Vermächtnis hingegangener Jugendgenerationen in aufstehender Gestalt als Jesus in Marias Schoß zu pflanzen, daß Christof, von Davids heldischem Reiz befangen, ihr willig in den Kult folgte, den sie um den fleischlichen Leib der Mutter als der Erhalterin und Wiedergebärerin erlauchten messianischen Samens exekutierte.

Ihre aufgesperrten Finger hatten sich verflochten. Die Schädel, Knochen an Knochen sanken als gleiches Gebein in die Kissengrube.

In jenen Augenblicken, da sie Marias Begegnung mit Elisabeth erzählte, bei diesem Satze: und es begab sich, als Elisabeth den Gruß Marias hörte, hüpfte das Kind in ihrem Leib — als unter ihnen das Lager rollte, und ein Sausen in den Lüften war — brach die schließlich geflüsterte Rede sie ab, zog des Mannes Finger auf ihren Bauch, und sie fühlten beide, siehe — es hüpfte das Kind in ihrem Leib!

Und Blicke flogen auf über das rhythmische Spiel der Glieder, und von Himmeln fernher mit Stolz sich anstrahlend, beteuerte jedes und stellte fest das hocheigne Teil, sich selbst zu diesem Wunder. Dann warf es sie Rippe zu Rippe.

Moses und David, Jesus und alle Helden des Buches war Christof in dieser Nacht. Es strömte aus ihm heroische Männlichkeit von Jahrtausenden. Sie nahm hin und schmeichelte ihm hold, daß keine Kraft aus seinen Lenden wich, und er übermütig und hochgemut blieb bis zum Morgen, als sie in leichtem Schlummer verzaubert hinsank. Da riß er sich von ihr, reckte die Brust in den Tag und fand sich ans Klavier. Hingezogen von Gefühlen, suchend und hochreißend aus Erinnerung, drückte mit einem Finger er in die Tasten: Heil dir im Siegerkranz. Und alsbald mit Stimme folgend, mächtig und mächtiger anschwellend, variierte er über beiden Pedalen vom Baß bis in den höchsten Diskant — da erklang es ihm selig:

Heil dir im Siegerkranz

Fühl in des Thrones Glanz

Die hohe Wonne ganz

Heil Kaiser dir.

Gesine spürte im Schlaf: So ist mir's recht, Christof. Wohl, recht — wohl.

Am Abend dieses Tages, man schrieb den fünfzehnten Februar, leitete Busekow vor dem königlichen Theater der Wagen Auffahrt. Aus seinem Glück war er nicht erwacht. Durch das dichte Netz von Klang- und Taktreizen, das aus der letzten Nacht noch um ihn hing, drang Gegenwart nicht in sein Bewußtsein. Es schüttelte ihn eine liebliche Erinnerung um die andere; auf Fersen hob er sich, seines Körpers Ausmaß zu verlängern, und stammelte vor sich hin. Dann plötzlich, als ein Rufen in der Menge scholl, hob ihn Begeisterung gegen die Wolken. Er weitete, füllte sich und schwebte auf. Er wollte rechts und links mit sich nehmen und mußte aus einem Jauchzen heraus, das ihn mit Entzücken aufspannte, stürmisch vorwärtsschießen. Man sah, wie Arme er mit herrlicher Gebärde gen Osten reckte, hörte aus seinem Mund einen siegreichen Schrei — und hob ihn unter dem Automobil herauf, das sanft anfahrend, ihn schnell getötet hatte.

ENDE

9 789356 903593

Printed at Repro India Ltd.

Die weltgeschichtliche Bedeutung des deutschen Geistes

Rudolf Eucken

Alpha Editions

This edition published in 2022

ISBN : 9789356704015

Design and Setting By
Alpha Editions
www.alphaedis.com
Email - info@alphaedis.com

Die weltgeschichtliche Bedeutung des deutschen Geistes

By Rudolf Eucken

Die weltgeschichtliche Bedeutung des deutschen Geistes

Wir alle wissen, daß wir uns heute in einem Riesenkampf um unsere Existenz befinden, und wir wissen auch, daß dabei sehr unwürdige Mittel seitens unserer Feinde angewandt werden. Eins dieser unwürdigen Mittel ist die Herabsetzung des deutschen Wesens, die Verleumdung, wir wären ein reaktionäres Volk, wir wären Gegner der Freiheit und Knechte eines drückenden Militarismus, der die ganze Welt unterwerfen wolle. So scheint es, als könne Deutschland und deutsches Wesen ohne Schaden für die Menschheit ausgerottet werden. Gegenüber solcher Anfeindung müssen wir uns auf uns selbst besinnen, es gilt klarzumachen, daß wir mehr sind, als jene meinen, daß wir eine weltgeschichtliche Bedeutung haben, die uns aller Neid und Haß der Feinde nicht rauben kann.

Um diese weltgeschichtliche Bedeutung der deutschen Art zu ermitteln, müssen wir zunächst überhaupt ihre Eigentümlichkeit untersuchen; diese Eigentümlichkeit ist aber nicht ganz einfach und leicht zu fassen. Denken wir nur an das 19. Jahrhundert und seinen Verlauf. Wie hat sich scheinbar das Wesen der Deutschen in ihm verändert! Ja, es mag auf den ersten Anblick scheinen, als enthielte unser Wesen einen Widerspruch, einen Widerspruch, dessen Schroffheit alle wahrhaftige Größe hindern müßte.

Zu Anfang des 19. Jahrhunderts hießen wir das Volk der Dichter und Denker, damals hat man uns wohl die Inder Europas genannt. Heute sind wir das Volk der Techniker,[6] des welterobernden Handels, der großartigen Industrie, heute hat man uns wohl die Amerikaner Europas genannt. Inder und Amerikaner, das sind gewaltige Gegensätze. – In der Tat waren wir zu Anfang des 19. Jahrhunderts ein Volk, das in Literatur und Philosophie den Kern der geistigen Arbeit fand. Wir flüchteten uns damals aus der sichtbaren Welt in ein unsichtbares Reich des Gedankens und der Phantasie, diese unsichtbare Welt wurde uns zur vertrauten Heimat.

Aber daß das so kam, das hatte besondere Gründe. Der Dreißigjährige Krieg hatte uns bis aufs äußerste erschöpft, es dauerte lange, bis wir wieder in einen frischen und kräftigen Aufstieg kamen. Dieser Aufstieg erfolgte im 18. Jahrhundert, und zwar seit den dreißiger und vierziger

Jahren; nun fand aber die erwachende Kraft keinen Staat und auch kein wirtschaftliches Leben, das Seele und Arbeit gewinnen konnte. Deutschland war überaus zersplittert, seine Verhältnisse waren nicht eigentlich schlecht, aber kleinlich und dürftig, sie gewährten keinen Boden für eine nationale und politische Tätigkeit. So wandte sich das deutsche Streben zum Reich der Wissenschaft und der Kunst, so schuf man sich jene unsichtbare Welt, in der man das innerste Wesen des Menschen zu erfassen und zu gestalten suchte, alle Seelenkräfte sollten hier belebt und zu voller Harmonie verbunden werden. Man fand in der eigenen Bildung sowie im Verhältnis von Mensch zu Mensch, in Liebe und Freundschaft ein edles, feines, zartes Leben, demgegenüber die sichtbare Welt als eine niedere Stufe erschien. So konnte ein Friedrich Schlegel sagen:

> „Nicht in die politische Welt verschleudere du Glauben und Liebe, aber in der göttlichen Welt der Wissenschaft und der Kunst opfere dein Innerstes in den heiligen Feuerstrom ewiger Bildung";

[7]

ein Schiller aber mahnen:

> „Werft die Angst des Irdischen von euch,
> Flüchtet aus dem engen, dumpfen Leben
> In des Ideales Reich";

das Reich der Ideale war die unentbehrliche Zuflucht hochstrebender, edler Seelen. Bei Würdigung dessen muß uns immer die besondere Lage gegenwärtig sein, welche dem deutschen Geist keine andere Betätigung großen Stiles erlaubte.

Nun kam die Wandlung im 19. Jahrhundert, zunächst hervorgerufen durch den jähen Zusammenbruch des preußischen Staates bei Jena, durch die daraus erwachsende Erfahrung, daß aller Glanz von Kunst und Wissenschaft ein Volk nicht bewahrt vor nationaler Erniedrigung, vor schmählicher Abhängigkeit von Fremden; die Bewegung, die damals entsprang, ist trotz aller Hemmungen unablässig vorgedrungen. Wir haben uns der sichtbaren Welt zugewandt, und wir haben in dieser Welt Gewaltiges geleistet. Namentlich die dreißiger Jahre brachten die neue Denkweise ins Übergewicht. Die alten Helden sterben, ein Hegel, ein Goethe, ein Schleiermacher, vorher schon Pestalozzi; dafür steigen neue auf. Liebig gründet 1826 das erste moderne chemische Laboratorium, in Berlin hält Alexander von Humboldt 1827/28 in der Universität und in der Singakademie die Vorlesungen über physische Weltbeschreibung, welche die Naturwissenschaften als allgemein-bildende Macht zur Geltung bringen. Dann kamen die technischen Fortschritte, vor allem die Eisenbahnen, und für das wirtschaftliche Leben war es von höchster Bedeutung, daß am 1. Januar 1834 der deutsche Zoll- und Handelsverein ins Leben trat. Ein neues Deutschland erhob sich, und wir wissen, was dieses neue Deutschland geleistet hat.

[8]

Nun aber kommen die Gegner. Seht, sagen sie, der Deutsche ist sich selber untreu geworden, warum blieb er nicht beim Dichten und Denken? Ja, unsere Anspruchslosigkeit in der sichtbaren Welt war recht bequem für die anderen. Jean Paul hat einmal in bitterem Ernst gesagt: Nachdem die Engländer das Meer und die Franzosen das Land genommen haben, was bleibt uns Deutschen anderes als die Luft? Daß später ein Zeppelin kommen und die Deutschen in Wirklichkeit zu Herren der Luft machen werde, das konnte man damals nicht wissen. So konnte auch Schiller in dem bekannten Gedicht zum Antritt des neuen Jahrhunderts nach Schilderung der Herrschgier des Franzosen und des Briten uns nur die Flucht in die heilig-stillen Räume des Herzens empfehlen. Das kam den anderen Völkern recht gelegen, von allen Seiten ernteten wir Lob. Noch im Jahre 1837 hat Bulwer, der bekannte englische Romanschriftsteller, einen großen Roman „Maltravers“ dem großen deutschen Volke gewidmet, dem „Volk der Denker und Kritiker“. Heute stellen wir uns den fremden Völkern anders dar.

Aber sind wir von uns selber abgefallen, wenn wir uns der sichtbaren Welt zuwandten, wenn wir zu Lande und zu Wasser eine Macht entfalten, wenn wir in der Industrie, in der Technik die Führung übernehmen? Haben wir damit unser wahres, innerstes Wesen verleugnet? Nein und abermals nein. Wir sind nicht von uns selber abgefallen, sondern wir haben einen wesentlichen Zug unserer eigenen Natur, der von jeher da war, wieder neu belebt und ihn dabei zu einer Höhe gebracht wie nie zuvor. Denn wir sind keineswegs ein Volk bloßer Dichter und Denker, was doch leicht heißt: der Träumer und Schwärmer, wir sind in die Geschichte eingetreten als ein waffenfähiges, kriegerisches Volk, wir haben das große Römerreich[9] zerstört, und wir haben es nicht bloß zerstört, wir haben auf seinen Trümmern neue Reiche aufgerichtet, wir haben ein römisch-deutsches Kaiserreich geschaffen. Schon damit haben wir gezeigt, daß wir in der sichtbaren Welt ganz wohl etwas leisten können.

Wir waren dabei nicht bloß tapfere Krieger, wir waren groß auch in den Werken des Friedens. Denken wir an die deutschen Städte, die Städte des Mittelalters, denken wir an den deutschen Landbau, dessen treuer Fleiß und zähe Tüchtigkeit von der ganzen Welt anerkannt wird. Wir haben unsere Arbeit in alle einzelnen Gebiete hinein erstreckt, wir haben uns dabei überall in die besondere Natur des Gegenstandes eingelebt. Denken wir nur an das Forstwesen – wenn die Engländer oder die Amerikaner ihre Forsten in die Höhe bringen wollen, so rufen sie Deutsche herbei –, oder an das Bergwesen; hier wie dort ist die sorgsame Durchbildung des Gebietes ein Werk der deutschen Art.

Wir hatten Freude an dieser Arbeit, an dem Ringen mit Widerständen, und wir verfolgten dabei nicht bloß betretene Wege, wir vermochten auch neue zu schaffen. Wir waren das Volk der Erfinder. Wir erfanden die Buchdruckerkunst – jedenfalls für Europa –, wir standen frühe voran im modernen Geschützwesen, das jetzt mit seiner großartigen Ausbildung ein Grund nationaler Hoffnung wird. Zu Beginn der Neuzeit konnte es heißen:

> „Nürnberger Witz,
> Ulmer Geschütz,
> Augsburger Geld
> Regiert die Welt.“

Auf uns kommt auch die Erfindung des modernen Spinnrades, der Taschenuhr usw. Noch im Anfang des 17. Jahrhunderts[10] rühmte der Franzose Bayle, der große Kritiker, uns Deutsche wegen unserer zahlreichen Erfindungen; erst im 18. Jahrhundert ist die Führung hier auf die Engländer übergegangen. Ferner fehlte es uns nicht am Vermögen der Organisation. Denken wir nur an den Deutschen Ritterorden, an jenes Land, das er der deutschen Kultur gewann, und das heute für die deutsche Sache so schwer gelitten hat! Denken wir auch an die Hanse und ihre Beherrschung der Meere! „Der Adler von Lübeck“, so hieß das größte Kriegsschiff des 16. Jahrhunderts. So waren wir lange Zeit hindurch stark und erfolgreich in der sichtbaren Welt. Wenn wir uns daher jetzt nach dieser Richtung neu entfalten, so ist das nur eine Wiederaufnahme alter Art, wir haben uns zu uns selbst zurückgefunden, sind nicht von uns abgefallen.

Nun werden vielleicht die anderen wiederum einwenden: Nun wohl, dann war jene Goethe-Zeit, jene Zeit der Dichter und Denker, eine bloße Episode, ein Heraustreten des Deutschen aus seiner natürlichen Bahn; dem aber widersprechen wir auf das entschiedenste. Das eben ist das Große des deutschen Wesens, daß, indem wir kräftig in die Welt eingriffen, wir uns zugleich als ein Volk des Seelenlebens, ein Volk tiefer Innerlichkeit erwiesen. Im Mittelalter zeigt sich das vornehmlich in der Religion, namentlich in der noch immer nicht voll gewürdigten deutschen Mystik. Sie hat seit dem Ende des 13. Jahrhunderts das Streben, die Religion dem Seelenleben jedes einzelnen nahezubringen, zu einer wunderbaren Innerlichkeit und auch zu einer kindlichen Einfalt der Sprache entwickelt. Die Mystiker der anderen Völker haben überwiegend in lateinischer Sprache geschrieben, unsere dagegen deutsch, weil sie das, was sie wollten, den Seelen aller Volksgenossen nahebringen wollten.

[11]

Meister Eckhart, der Führer der deutschen Mystik (†1327), war ein großer Gelehrter, er wurde vom Papste selbst zum Doktor ernannt, er hätte in Paris eine glänzende Lehrtätigkeit finden können, aber er kam nach Deutschland zurück, um hier zu wirken und zu fördern. An den verschiedensten Orten hat er gepredigt, stets aus tiefster Seele heraus. Er sagt einmal am Schluß einer Predigt – seine Predigten sind oft mehr philosophische Betrachtungen –: „Wer diese Predigt verstanden hat, dem gönne ich es wohl; wenn sie aber auch niemand verstanden hätte, dann würde ich sie dem Opferstock gehalten haben.“ Es ist eine innere Notwendigkeit, die aus einem solchen Manne hervorquillt, und das eben ist das Große der deutschen Art, ein Schaffen aus innerer Notwendigkeit heraus; nur so findet sich ein volles Wirken von Seele zu Seele. Eckhart ist auch der erste, der dem Wort Gemüt, das sonst nichts anderes als Geist bedeutete, den unterscheidenden und auszeichnenden Sinn gegeben hat, es bedeutet ihm das „Fünklein der Seele“, wo sie ganz bei sich selber ist.

Diese Innerlichkeit der Religion ist dann in die Neuzeit geführt und hier kräftig weiterentwickelt worden. Wie wir uns zum dogmatischen Gehalt der Reformation stellen, das ist eine Frage für sich, hier mögen die Ansichten auseinandergehen. Aber wir alle werden einig sein in der

Anerkennung der menschlichen Größe der Reformation, entsprang sie doch dem Verlangen, die Seele des Menschen zu retten durch die stärkere Entfaltung eines unmittelbaren Verhältnisses zu Gott und dabei den Menschen auf sein eigenes Gewissen, auf seine Persönlichkeit zu stellen. Von da aus ergab sich bei tiefer Demut des Herzens eine trotzige Selbstgewißheit der Überzeugung. Einem Luther wurde eingewandt, er ärgere die Menschen durch sein Auftreten, er errege Anstoß mit seiner Erschütterung der altgeheiligten[12] Ordnung. Seine Antwort war: „Ärgernis hin, Ärgernis her, Not bricht Eisen und kennt kein Ärgernis. Ich soll der schwachen Gewissen schonen, sofern es ohne Gefahr meiner Seele geschehen kann. Wo nicht, so soll ich meiner Seele raten, es ärgere sich dann die ganze oder halbe Welt.“ Dies Sichstellen auf sein Gewissen und seine Persönlichkeit, wenn es sein muß, gegen die ganze Welt, das ist echt deutsch. Diese Gesinnung aber, dieser moralische Ernst, diese ganze Denkweise beschränkt sich nicht auf die protestantischen Kirchen, auch der deutsche Katholizismus hat eine weit größere Innerlichkeit als der Katholizismus der romanischen Völker. Mir hat einmal ein angesehener dänischer Theologe den Unterschied zwischen einem Gottesdienst in Notre-Dame in Paris und im Dom zu Köln mit lebhaften Farben geschildert. Dort viel Schaugepränge ohne Teilnahme des Herzens, hier eine tiefe Ergriffenheit der Gläubigen. Auch das sei hinzugefügt, daß diese deutsche Innerlichkeit sich auch im Judentum zeigt. Denn es ist der deutsche Denker Mendelssohn, der diese Religion mit der neueren Kultur in enge Beziehung gebracht und sie dadurch wesentlich gefördert hat. Dies Verlangen, die Religion von innen heraus zu begründen, hat uns auch zum Volk der Religionsphilosophie gemacht. Wir ertragen es nicht, die Religion so hinzunehmen, wie sie uns von außen zugeführt wird, wir müssen sie vor unserem Bewußtsein, unserem Gewissen rechtfertigen, wir wollen sie auch wissenschaftlich begründet haben. So unternahmen es Männer wie Kant, Schleiermacher, Hegel, sie alle Größen ersten Ranges.

In der Neuzeit aber erstreckt sich das Wirken der Innerlichkeit bei den Deutschen weit über die Religion hinaus auf alle Lebensgebiete. Die deutsche Philosophie ist wesentlich verschieden von allen anderen Philosophien, sie ist nicht ein bloßes Sichorientieren[13] über eine gegebene Welt, sondern ein kühner Versuch, die Welt von innen heraus zu verstehen, sie bildet große Gedankenmassen, gewaltige

Systeme, und unternimmt von ihnen aus, die sichtbare Welt zu beleuchten, ja sie in eine unsichtbare umzusetzen. So ein Leibniz, ein Kant, ein Hegel, und noch manche andere wären zu nennen; entfalteten wir doch auf diesem Gebiet eine erstaunliche Fruchtbarkeit. Durch alle Mannigfaltigkeit der Leistungen aber ging ein Ringen der Seele mit dem All, ein Ergießen der Seele in die Wirklichkeit, ein Ansichziehen der Dinge. Dies Streben zur Innerlichkeit gibt auch der deutschen Erziehung ihre Eigentümlichkeit und ihre überragende Größe: sie will nicht dressieren für irgendwelche praktischen Zwecke, nicht geschickt machen für gewisse Leistungen, sondern sie erfaßt den Menschen bei sich selbst und sucht seine Kräfte auszubilden, um aus ihm ein inneres Ganzes, eine selbständige Persönlichkeit und Individualität zu machen, dabei überzeugt, daß, wenn das gewonnen ist, auch alles andere sich werde gewinnen lassen. Diese Art der deutschen Erziehung ist tief in unserem Wesen begründet. Kein Volk, auch nicht die alten Griechen, hat das Kindesalter so verstanden wie das deutsche Volk. Wir sind es, welche durch Campe die Kinderliteratur aufgebracht haben und in ihr die Führung besitzen, wir bereiten das Kinderspielzeug für die ganze Welt. Das ist nur möglich, weil wir uns in die Seele des Kindes hineinzuversetzen vermögen, und dieses könnten wir nicht, wenn wir nicht in der innersten Seele selbst etwas Kindliches, Einfaches, Ursprüngliches hätten.

Dieselbe reine Innerlichkeit finden wir auch in der deutschen Kunst. Die deutsche Musik hat darin ihre unvergleichliche Größe, daß sie von innen her ganze Welten schafft, daß sie sonst verborgene Tiefen der Seele aufschließt und damit das[14] Leben weiterbildet. Es sei hier nur eines Bach und eines Beethoven gedacht. Ähnlich die deutsche Lyrik. Was kann sich auf diesem Gebiet mit einem Goethe messen, mit seinem Sehen und Fühlen der Welt von innen heraus? Wie ein Zauberer durchwandert er die Natur wie das Menschenleben, bringt alle Dinge zum Sprechen und läßt sie ihm ihre Seele enthüllen. So wird die Welt sein Eigentum und ein treuer Spiegel seiner Seele.

Demnach haben wir die merkwürdige Erscheinung – merkwürdig für den ersten Anblick –, daß unser Leben zwei verschiedenartige Bewegungen enthält, einmal das Streben nach einer Unterwerfung der sichtbaren Welt und damit die Entfaltung einer Arbeitskultur, sodann aber ein Sichversetzen in die Innerlichkeit der Seele, ein Weben und Wirken aus ihren tiefsten Gründen, das Schaffen einer Seelenkultur.

Ist das nicht ein Widerspruch und muß dieser Widerspruch nicht unser Leben ins Stocken bringen? Einmal die Richtung auf die Welt und das Verlangen, die Dinge zu unterwerfen, dann die Zurückziehung von ihnen und das Sichversenken in das Reich der Seele. Wie steht es damit? Sind wir in der Tat einem Widerspruch verfallen? Das sei aufs entschiedenste verneint. Daß wir jene beiden Seiten in uns tragen, das gibt unserem Leben eine einzigartige Größe und eine fortlaufende innere Bewegung. Diese beiden Seiten mit ihren Leistungen sind nur die Pole eines umfassenden Lebens. Wir tragen in unserer Natur die Aufgabe, eine weltumspannende Innerlichkeit zu versöhnen und auszugleichen mit tüchtiger Arbeit an der sichtbaren Welt.

Gewiß können wir nicht leugnen, daß Gefahren in dieser Doppelheit liegen. Es kann sein, daß der Zug in das Innere den Menschen zu einer eigensinnigen Absonderung führt. Daß[15] die Deutschen so viel miteinander streiten, daß sie mehr in Parteien zerfallen als andere Völker, das hängt wohl damit zusammen, daß wir uns mehr auf uns selber stellen und eigene Wege zu gehen lieben. Hier liegt die Gefahr einer Zersplitterung, auch die eines Verfallens in ein vages Gefühlsleben, eines Sichverlierens in eine abgesonderte Innerlichkeit.

Auf der anderen Seite droht die Gefahr, daß wir uns der Arbeit hingeben, ohne sie seelisch zu beleben, daß uns der Stoff überwältigt, daß wir nur aufeinanderhäufen, wie es die deutsche Gelehrsamkeit oft getan hat. So sind zwiefache Gefahren vorhanden, aber ein kräftiges Volk ist solchen Gefahren gewachsen.

Ja, wir dürfen sagen: kein Mensch und kein Volk ist wahrhaft groß, das nicht einen Gegensatz in sich trägt und diesen Gegensatz durch schaffende Arbeit überwindet. Auf seiner Höhe und auch im Kern seines Lebens hat das deutsche Volk jenen Gegensatz überwunden und dabei Leistungen hervorgebracht, die einzigartig dastehen, und auf deren Festhaltung und Fortsetzung die Zukunft der Menschheit beruht.

Fragen wir, was der deutschen Arbeit einen besonderen Charakter und eine Größe gibt. Es ist ohne Zweifel dieses, daß die Arbeit uns nicht ein bloßes Mittel für außer ihr liegende Zwecke bedeutet, sondern daß wir unsere Seele in sie hineinlegen, in der Arbeit unser Wesen entfalten. So wird sie uns wertvoll um ihrer selber willen. Daher hat auch kein Volk mit solcher Liebe und Wärme den Begriff des Berufs ausgebildet, als der Lebensarbeit, der innerlich zusammenhängenden

Lebensarbeit. Der Beruf ist uns nicht ein Mittel, um äußerlich weiterzukommen und Geld zu verdienen, sondern der Weg, unsere geistige Art zu entfalten und damit uns selber zu finden; so können wir in der Berufstätigkeit reine Freude und innere[16] Erhebung gewinnen. Wir preisen den deutschen Lehrstand. Ja, wenn man rein auf die Bezahlung sieht und auf die äußere Ehre, so ist das bescheiden genug und könnte nicht im mindesten die hingebungsvolle Arbeit, die Liebe zu ihr, die Freude an ihrem Gelingen rechtfertigen. Es ist die Versetzung in die Sache, das Einswerden mit der Sache, das den Menschen hier über alle selbstischen Beweggründe hinaushebt.

Heute bewundern wir die Heldentaten unseres Heeres, aber möglich geworden sind sie nur durch unermüdliche treue Arbeit. In dieser deutschen Arbeit, die um der Sache willen geschieht, liegt zugleich der Charakterzug der Gründlichkeit, Gewissenhaftigkeit und Sorgfalt. Wir sind überzeugt, daß in der Arbeit auch das Kleinste nicht gering zu achten ist, die Arbeit muß in sich selbst vollendet sein. Diese Treue und Größe der Arbeit ist aber nur möglich, weil hinter dieser der ganze Mensch steht, weil er sich in die Arbeit hineinlegt und in ihr sich einen eigenen Daseinskreis, einen geistigen Existenzraum schafft. Aber wie die Arbeit die Seele verlangt, so verlangt auch die Seele die Arbeit. Denn das deutsche Innenleben ist sehr eigentümlicher Art, es ist grundverschieden von dem indischen und überhaupt dem orientalischen. Es ist nicht eine Flucht in eine weltfremde Stimmung, nicht ein Sichzurückziehen von den Dingen, sondern es trägt in sich den Drang, vollauf zu gestalten, was in uns wohnt, die Tiefen herauszuarbeiten in Kunst und in Philosophie, aber auch in Erziehung und in Moral. Durch den ganzen Umkreis des Lebens wollen wir nicht eine bloße Innerlichkeit der einzelnen Seele, sondern wir verlangen eine Innenwelt, die jener allein einen Inhalt zu geben vermag. Wir wollen uns nicht in erträumte Welten verlieren, sondern wir wollen die Wirklichkeit in ein Reich der Innerlichkeit verwandeln. So strebten unsere Philosophen nach einem zusammenhängenden[17] Gedankenreiche, nach einem weltumfassenden System. So bedeutete auch die Innerlichkeit der Religion nicht ein bloßes Fliehen in fromme und weiche Gefühle, sondern es war eine Belebung und Umwandlung des ganzen Bestandes der Religion von den Tiefen der Seele her, es war ein Ringen, alles Äußere, alles Widerstrebende innerlich anzueignen und es zu einem Ganzen zu fügen. Auch unsere großen Künstler, vornehmlich unsere Musiker, haben uns nicht einzelne

Stimmungen, einzelne subjektive Regungen gebracht, sondern sie haben, wie wir schon sahen, neue Welten reichsten Inhalts eröffnet. So finden wir darin das Große des deutschen Wesens, daß jene beiden Seiten sich gegenseitig suchen und ergänzen, damit aber den Aufbau einer bei sich selbst befindlichen Welt vollziehen und zugleich unserem Leben allererst einen Inhalt und einen Selbstwert geben. Ein derartiges Beisichselbstsein des Lebens mit seiner inneren Freude erhebt uns weit über alle bloße Nützlichkeit, es macht uns auch das heutige englische Verfahren unverständlich, welches Soldaten durch Erhöhung des Lohnes zu gewinnen sucht; hat dort doch sogar eine Zeitung die Äußerung gewagt, der Soldat könne, wenn er aus dem Kriege zurückkomme, ein hübsches Sümmchen erübrigt haben. Eine solche Denkweise verachten wir, wir halten es mit Aristoteles, wenn er sagt, daß es Sache eines freien und großgesinnten Menschen sei, nicht das Nützliche, sondern das Schöne zu suchen, d. h. was an sich wertvoll ist und durch sich selbst gefällt.

Wer wegen des Erfolges arbeitet, wegen eines außer ihm liegenden Zweckes, der wird damit abhängig von Fremdem; auch kommt ein solches Leben nie zu einem Ruhen in sich selbst, sondern es drängt immer wieder über sich selbst hinaus, es ist kein volles Leben, sondern nur ein Lebenwollen, ein bloßes Haschen nach wahrhaftigem Leben. So empfinden es namentlich[18] die Inder am modernen europäischen Leben. Indem sie das englische Leben mit seinem Nützlichkeitsstreben für das europäische überhaupt halten, meinen sie, ein solches Leben sei gar kein echtes Leben, über dem Jagen nach den Mitteln und den Bedingungen des Lebens entfliehe das Leben selbst, bleibe man innerlich leer, sei man bei allen Erfolgen in tiefster Seele unbefriedigt. Aber dieses Hasten und Jagen, dies Ideal der Nützlichkeit, ist nicht das deutsche Lebensideal. Indem wir Inneres und Äußeres sich gegenseitig steigern lassen und beides zu einem Lebensganzen, einer Wirklichkeit verbinden, finden wir unser Ziel und unsere Freude im Leben selbst, befestigen wir uns im eigenen Wesen, werden wir aller bloßen Nützlichkeit überlegen.

Aus solcher Grundbeschaffenheit zieht das deutsche Schaffen und Leben eigentümliche Eigenschaften. Das Leben, das im Ringen von Seele und Welt sich uns bildet, hat zunächst den Charakter der Größe. Das ist doch etwas anderes, wenn dieses Leben sich in innere Beziehung zum Weltall setzt, dieses sich anzueignen und die Seele zu einer weltumfassenden Persönlichkeit zu gestalten sucht, als wenn der

Mensch nur im bürgerlichen Dasein diesen oder jenen Vorteil erringt oder diesen oder jenen Gewinn einheimst.

Solches Verlangen nach einem unendlichen Leben aus dem All steckt tief in unserer Natur, und es kommt auch früh schon zum Ausdruck. So sagt der erste moderne Philosoph, es war das Nikolaus von Cues (1401-1464):

> „Immer mehr und mehr erkennen zu können ohne Ende, das ist die Ähnlichkeit mit der ewigen Weisheit. Immer möchte der Mensch, was er erkennt, mehr erkennen, und was er liebt, mehr lieben, und die ganze Welt genügt ihm nicht, weil sie sein Erkenntnisverlangen nicht stillt."

[19]

Aus solcher Denkweise ist auch Goethes Faust hervorgegangen, aus solchem Streben nach Unendlichkeit findet das deutsche Leben eine unvergleichliche Größe.

Zugleich aber trägt dies Leben in einem besonderen Sinne den Charakter der Wahrhaftigkeit. Als wahrhaftig erscheint uns nur ein solches Leben und Streben, das aus der Notwendigkeit des eigenen Wesens hervorgeht und das dieses Wesen treu zum Ausdruck bringt. Unwahrhaftig ist alles, was nicht die ganze Seele hinter sich hat und dem Menschen nur äußerlich anhängt. Ein solches Streben nach innerer Wahrhaftigkeit geht durch die ganze deutsche Geschichte, auf der Höhe des Schaffens hat sich überall die Seele in das Werk hineingelegt und damit das Schaffen zu einem Kampf um ein geistiges Selbst gestaltet.

Mir sagte einmal während meines Aufenthalts in Amerika ein hochgebildeter Amerikaner, als wir miteinander über Fragen und Verwicklungen der Gegenwart sprachen: „Wenn nur das deutsche Volk wahrhaftig bleibt, dann haben wir gute Aussichten für die Zukunft der Menschheit." Er meinte mit solcher Wahrhaftigkeit eben ein solches Schaffen aus dem eigenen Wesen heraus, aus innerer Notwendigkeit, nicht eines äußeren Vorteils wegen.

Mit dieser Wahrhaftigkeit aber hängt im deutschen Leben Ursprünglichkeit und Freiheit des Schaffens eng zusammen. Bei Ursprünglichkeit und Freiheit steht das in Frage, daß wir nichts auf bloße Autorität hinnehmen, uns nichts von außen aufdrängen lassen, sondern daß wir unsere eigene Überzeugung und Erfahrung einsetzen und, wenn es sein muß, den Kampf mit aller Umgebung nicht scheuen. Das Lebenswerk der deutschen schaffenden Geister war meist ein solcher Kampf, ihr Sieg war ein Durchsetzen der eigenen Art und der inneren Notwendigkeit gegen alles, was draußen lag.

[20]

So sind Größe, Wahrhaftigkeit und Ursprünglichkeit Hauptzüge des deutschen Lebens, sie zusammen haben einen ganz eigentümlichen Idealismus deutscher Art ausgebildet. Seine Eigentümlichkeit erhellt namentlich durch eine Vergleichung mit dem indischen und dem griechischen Idealismus. Der Idealismus der Inder hat den Zug zur Innerlichkeit, die Ablösung von der sichtbaren Welt großartig ausgebildet, aber er kommt nicht zu einem neuen Schaffen von innen heraus; so erzeugt er weiche und edle Stimmungen, aber ihm fehlt die Kraft zur weltaufbauenden Tätigkeit. In ein einziges Grundgefühl, einen einzigen Grundgedanken erschöpft sich hier das ganze Leben, es wird wehrlos gegenüber der harten Welt. Es hängt damit eng zusammen, daß dies große Kulturvolk von einem fremden, es gar nicht verstehenden Volke abhängig werden konnte.

Die Griechen stehen uns hier näher, auch ihre großen Denker verschmähen die bloße Nützlichkeit, sie wollen ein Leben um des Lebens willen, sie wollen ihm bei sich selbst einen Inhalt geben und einen Wert verleihen, sie preisen die Erhebung zur Tätigkeit. Aber es bleibt ein großer Unterschied. Der griechische Idealist behandelt die Welt als gegeben, er sieht in ihr ein herrliches Kunstwerk, das schauend sich anzueignen und freudig zu genießen die Aufgabe des Menschen bildet; die Richtung darauf scheint ihn über alle Kleinheit des Alltags weit hinauszuheben. In einer solchen fertigen Welt findet aber der Mensch nichts Wesentliches zu verändern, so gibt es hier keine Geschichte, keine Hoffnung einer Umbildung und Erneuerung. Wir Deutsche dagegen verstehen die Welt als im Werden begriffen und voll harter Kämpfe, zugleich halten wir uns für berufen, an dem großen Werke der Weiterbildung mitzuwirken und alle Kraft dafür einzusetzen. Wir wollen eingreifen, bessern, fördern, wir geben damit der Geschichte eine große[21] Bedeutung. Ist demnach der Idealismus der Griechen vorwiegend künstlerischer Art, so vertreten wir Deutsche einen ethischen Idealismus. Jenen ist das Höchste die

Anschauung, uns ist das Höchste die Tat, die Tat der Persönlichkeit, die weltschaffende und weltgestaltende Tat.

Nun ist das ja ein Hauptgedanke der Neuzeit, daß wir nicht einer fertigen Welt angehören, daß die Welt um uns und in uns voller Probleme ist, und daß wir zu ihrer Lösung nach besten Kräften helfen sollen. So entspricht der deutsche Idealismus den Erfahrungen der Weltgeschichte und den Forderungen der Neuzeit, sein kräftiger und mannhafter Charakter, seine zugleich ernste und freudige Art ist der Menschheit unentbehrlich. Er ist mit seiner engen Verknüpfung von Arbeit und Seele der modernen Welt um so unentbehrlicher, als ihre Entwicklung voller Gefahren für den Gehalt und Selbstwert des Lebens ist. Im modernen Leben hat der Gedanke besondere Macht und Eindringlichkeit gewonnen, daß die Hauptsache die volle Entwicklung der Kraft, die Steigerung der Lebensenergie ins Unbegrenzte sei. In dieser Richtung ist Gewaltiges geleistet worden, sind die Individuen wie auch die Völker mehr in Fluß gebracht, wird ihnen alle Trägheit ausgetrieben, alles Schlummernde voll erweckt. Aber so groß und fruchtbar dies alles ist, es darf nicht das Ganze, das Einzige sein. Die Gefahr liegt nahe – die Weltstadt läßt sie besonders stark empfinden –, daß sich das Leben in ein ruhe- und rastloses Streben verwandelt, daß wir nur von Augenblick zu Augenblick weiter jagen und über dem Denken an die Zukunft alle wahrhaftige Gegenwart verlieren; in aller Fülle des Lebens läßt uns der unaufhörliche Wechsel der Eindrücke und Aufgaben gar nicht zu einem wahrhaftigen, in sich selbst befriedigten Leben kommen. Das ist eine große Gefahr, wir müssen ihr entgegenarbeiten,[22] wir können das aber durch eine kräftige Belebung der deutschen Art. Denn sie begnügt sich nicht mit der bloßen Kraftentwicklung, sie besteht auf einer Bildung des Wesens, auf einem beharrenden und überlegenen Sein in aller Fülle des Wirkens, sie vermag damit dem Leben eine Tiefe und einen Selbstwert zu geben. Der moderne Mensch hat bei allem Gerede von „Aktualität“ viel zu wenig Gegenwart, zu sehr löst sich ihm das Leben in lauter einzelne Augenblicke auf. Goethe dagegen meinte, jeder Augenblick soll uns heilig sein, denn er sei ein Vertreter der Ewigkeit.

So im Zeitlichen ein Ewiges ergreifen ist aber nur möglich, wenn das Leben eine Tiefe hat und aus dem Getriebe der Kräfte sich eine Seelenbildung heraushebt; das aber kann bei uns Deutschen geschehen. Wir brauchen bei höchster Kraftentfaltung nicht darin aufzugehen, wir können immer dahinter ein Ganzes der Persönlichkeit behaupten und entfalten, wir können ein Ganzes des menschlichen Seins in alle Gebiete des geistigen Schaffens legen, in Philosophie und Kunst, in Religion und Moral. Was wir aber dabei erreichen, das gewinnen wir nicht bloß für uns, wir gewinnen es für die Menschheit. Die moderne Menschheit ist in großer Gefahr, in ein sinnloses Hasten hineinzugeraten und darin aufzugehen. Dem können wir Deutsche kraft unserer geistigen Art energisch entgegenwirken, wir können der Mannigfaltigkeit eine Einheit, der Bewegung eine Ruhe entgegenhalten, wir können damit den geistigen Bestand des menschlichen Lebens wahren und fördern. Mit dem allen gewinnt das deutsche Leben und Tun eine weltgeschichtliche Bedeutung. Mit gutem Grunde hat Fichte uns das Volk des Gemüts genannt. Er wollte damit nicht den Gliedern anderer Völker das Gemüt absprechen, das wäre eng und unrecht gewesen. Aber dahin[23] ging seine Behauptung, daß die Innerlichkeit bei uns Deutschen zu einer gemeinsamen, unser Schaffen beherrschenden und unsere Geschichte durchwaltenden Macht geworden ist, mehr als bei irgendwelchem anderen Volke. In diesem Sinne dürfen wir sagen, daß wir die Seele der Menschheit bilden, und daß die Vernichtung der deutschen Art die Weltgeschichte ihres tiefsten Sinnes berauben würde. So sicher wir daher überzeugt sind, daß die Weltgeschichte einen Sinn hat, so sicher dürfen wir auch überzeugt sein, daß die deutsche Art unentbehrlich ist, und daß sie sich gegen alle feindlichen Angriffe siegreich behaupten wird. Ein festes Vertrauen darauf schöpfen wir auch aus der Erwägung, daß der Besitz einer ursprünglichen und weltumfassenden Innerlichkeit eine unerschöpfliche Stärke verleiht. Wo eine solche Innerlichkeit fehlt, da bleibt die Kraft beschränkt, da wird sie abhängig von äußeren Bedingungen, so fehlt dem Leben das Große und Heldenhafte. Dürfen wir Deutsche uns aber mit den tiefsten Gründen im Zusammenhang fühlen, so können wir daraus unermeßliche Kräfte schöpfen, so können wir allem Ansturm der Welt um uns von innen her eine Welt entgegensetzen und jener gegenüber zum Siege führen.

Mögen daher zahllose Feinde sich gegen uns verbünden, mögen sie Neid und Haß, Verschlagenheit und Wildheit aufeinander häufen, wir haben die Überlegenheit innersten Wesens, und diese Überlegenheit wird uns vollauf die Kraft gewähren, allem Ansturm gewachsen zu bleiben. Stehen wir nur fest auf uns selbst, ergreifen wir den tiefsten Grund und die innerste Kraft unseres Wesens, dann wird unser Genius mit uns sein und uns zum Siege führen, dann können die Pforten der Hölle uns nicht bewältigen.

9 789356 704015

Printed at Repro India Ltd.